GLASMALEREI MALBUCH FÜR ERWACHSENE

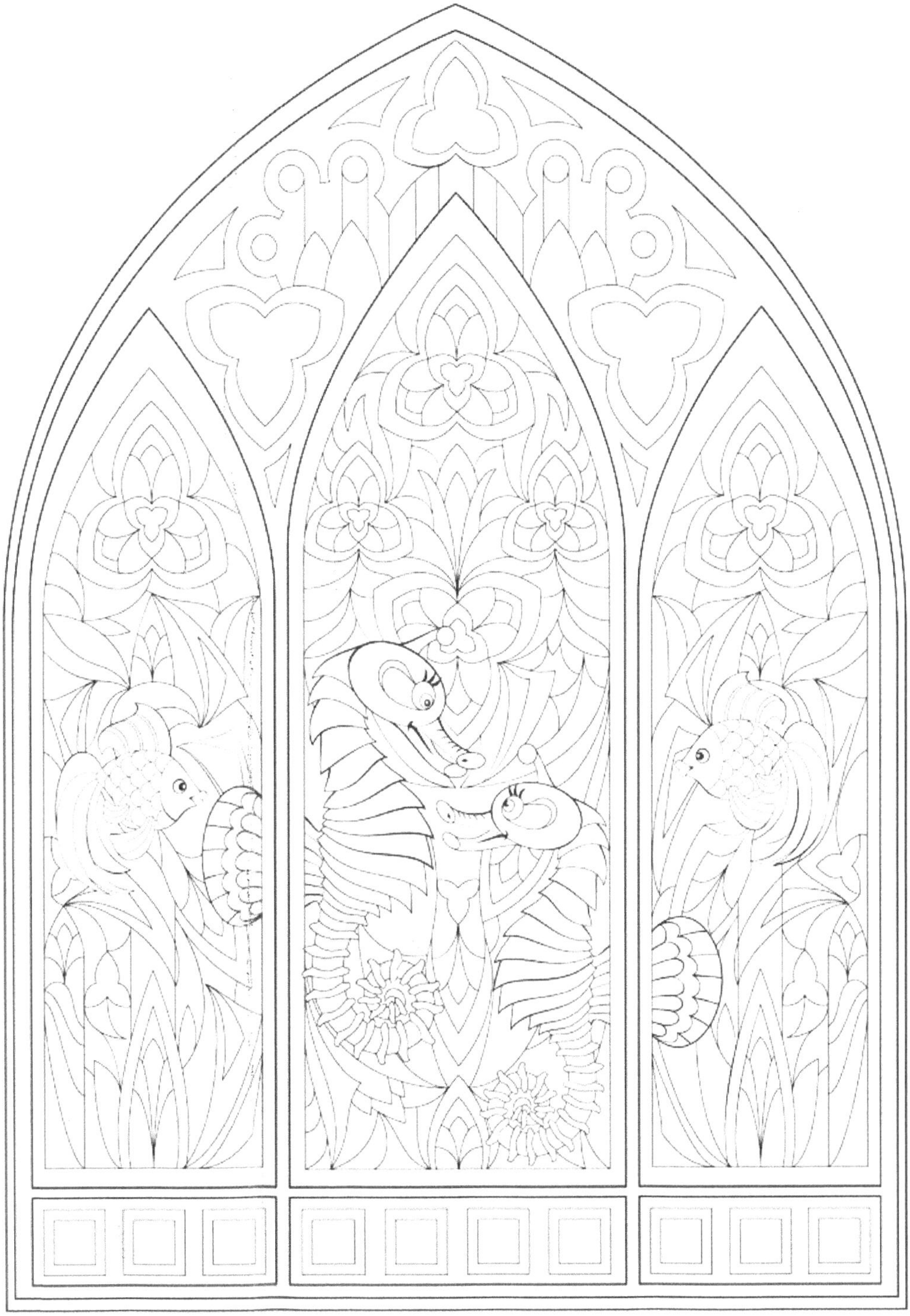

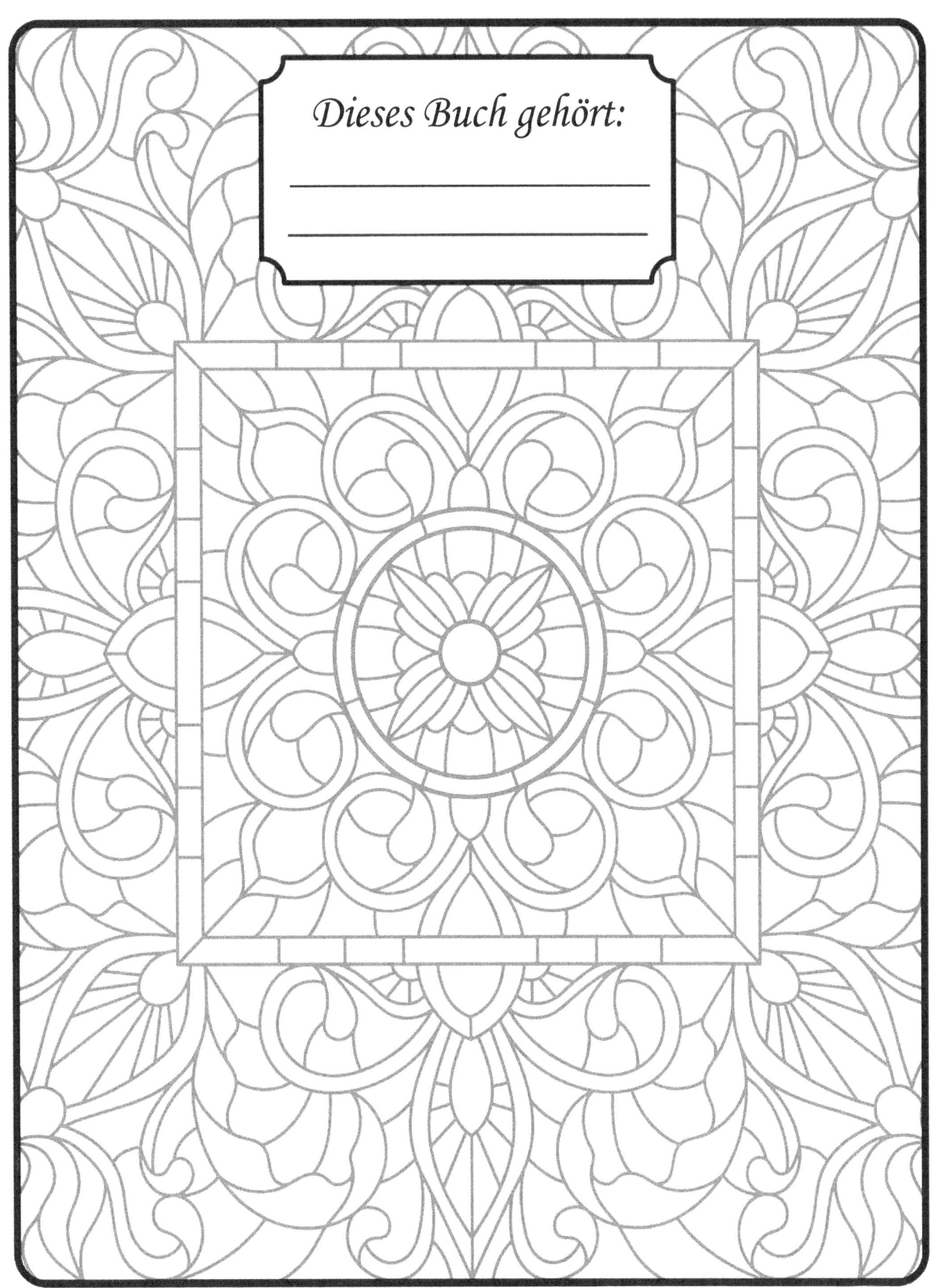

Dieses Buch gehört:

_____

_____

FARBTESTSEITE

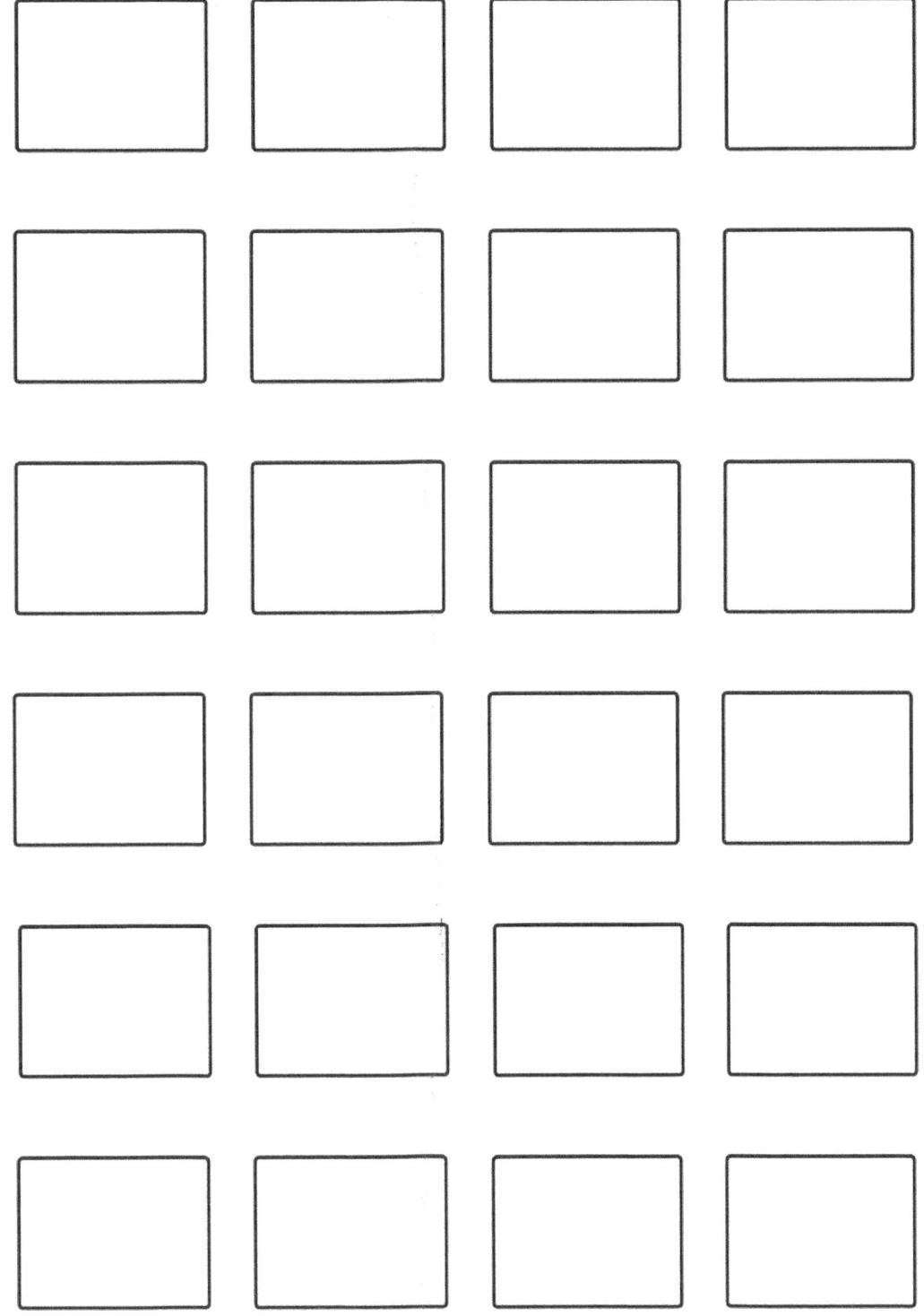

WIE MAN SEINE EIGENEN GLASMALEREIEN MACHT

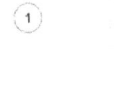

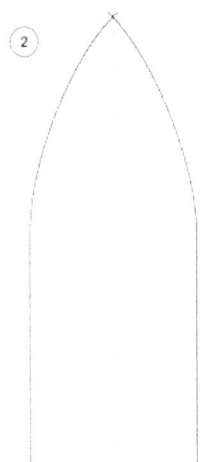

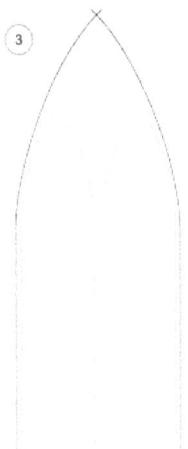

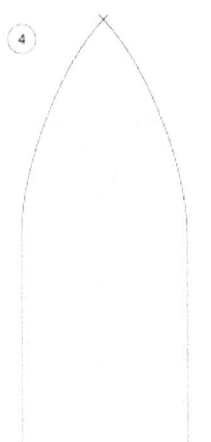

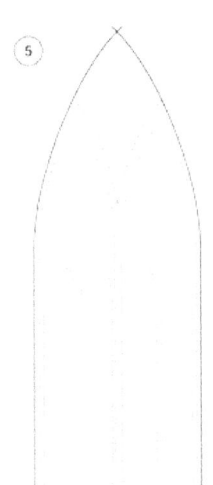

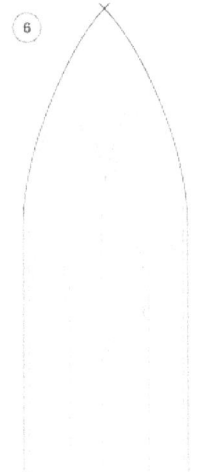

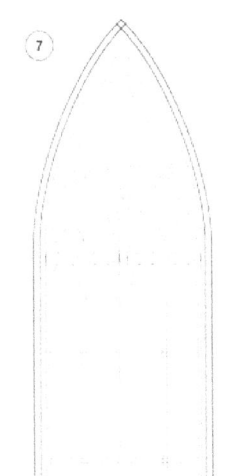

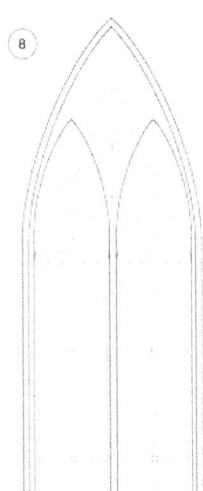

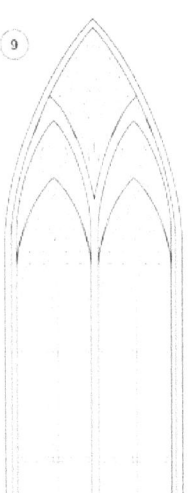

CWIE MAN SEINE EIGENEN GLASMALEREIEN MACHT

① ② ③ ④ ⑤ ⑥ ⑦ ⑧

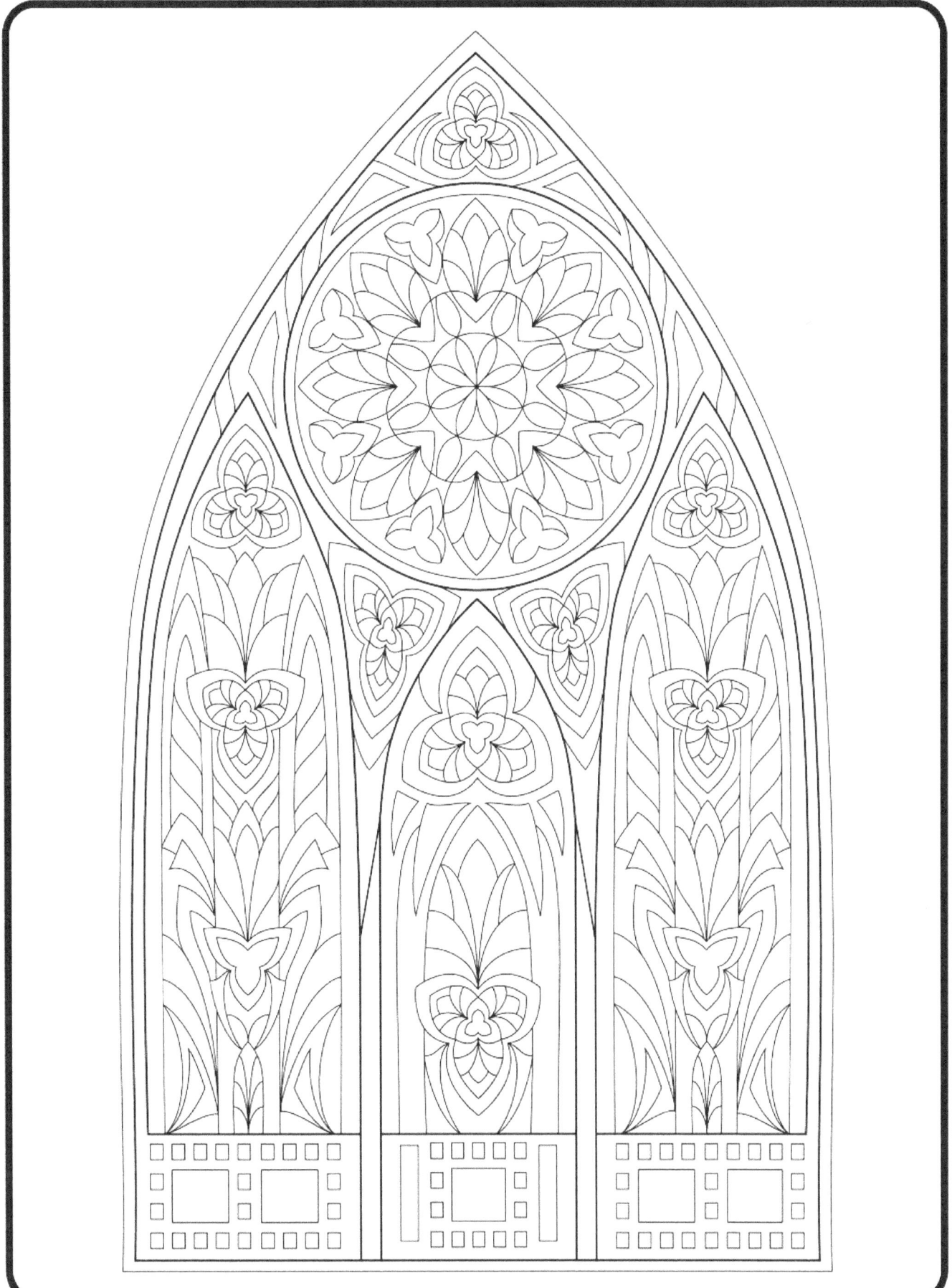

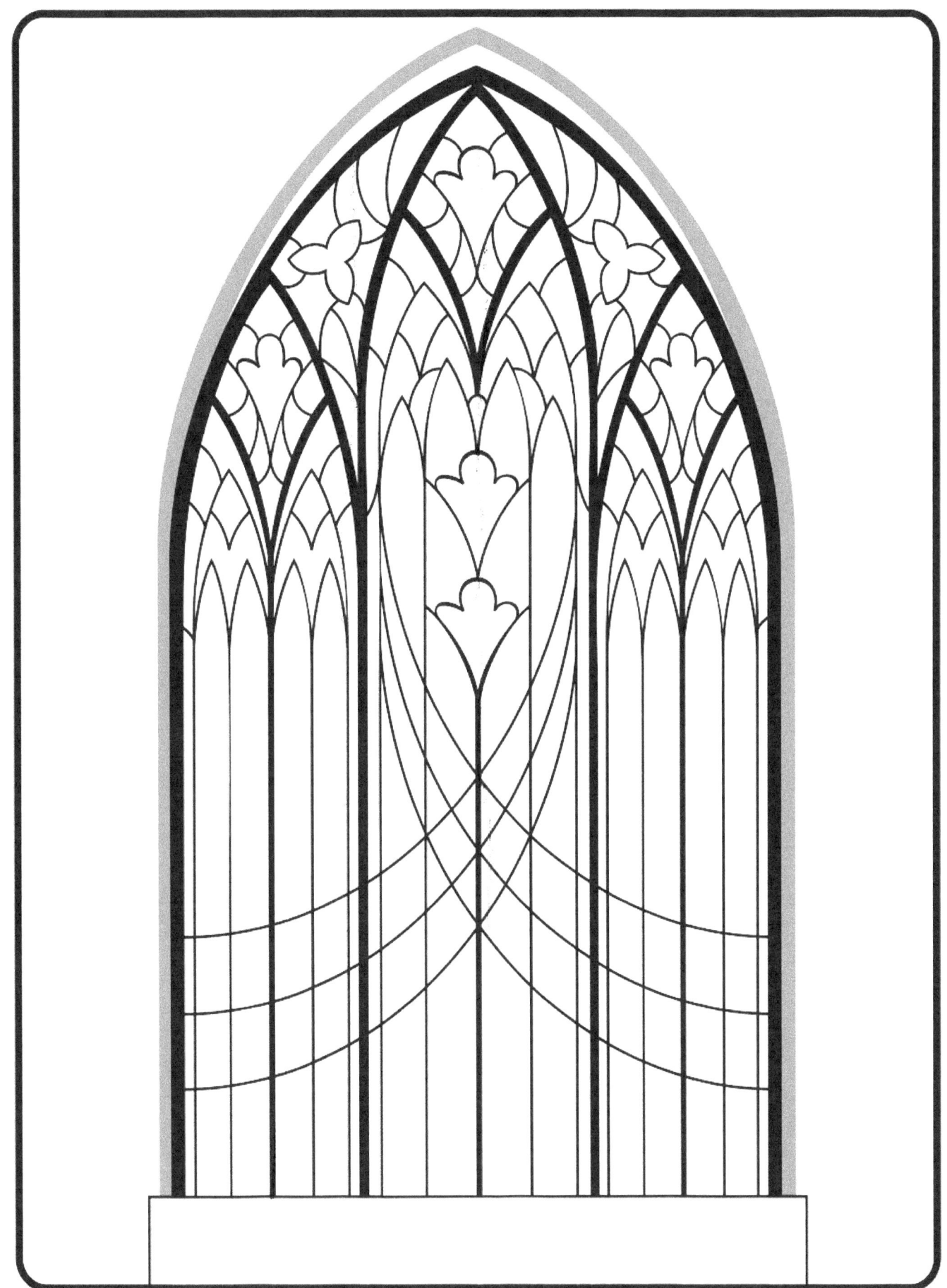

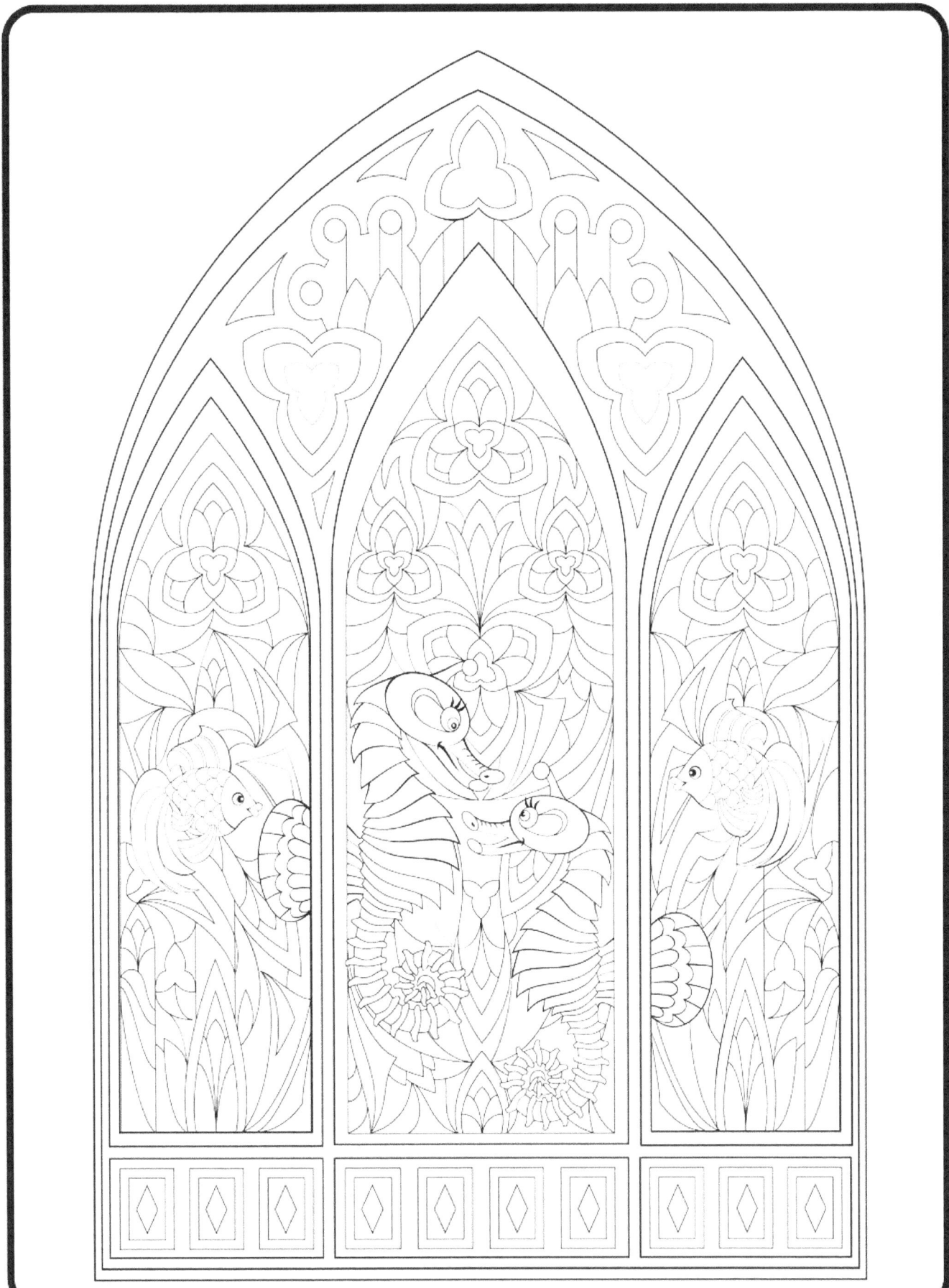

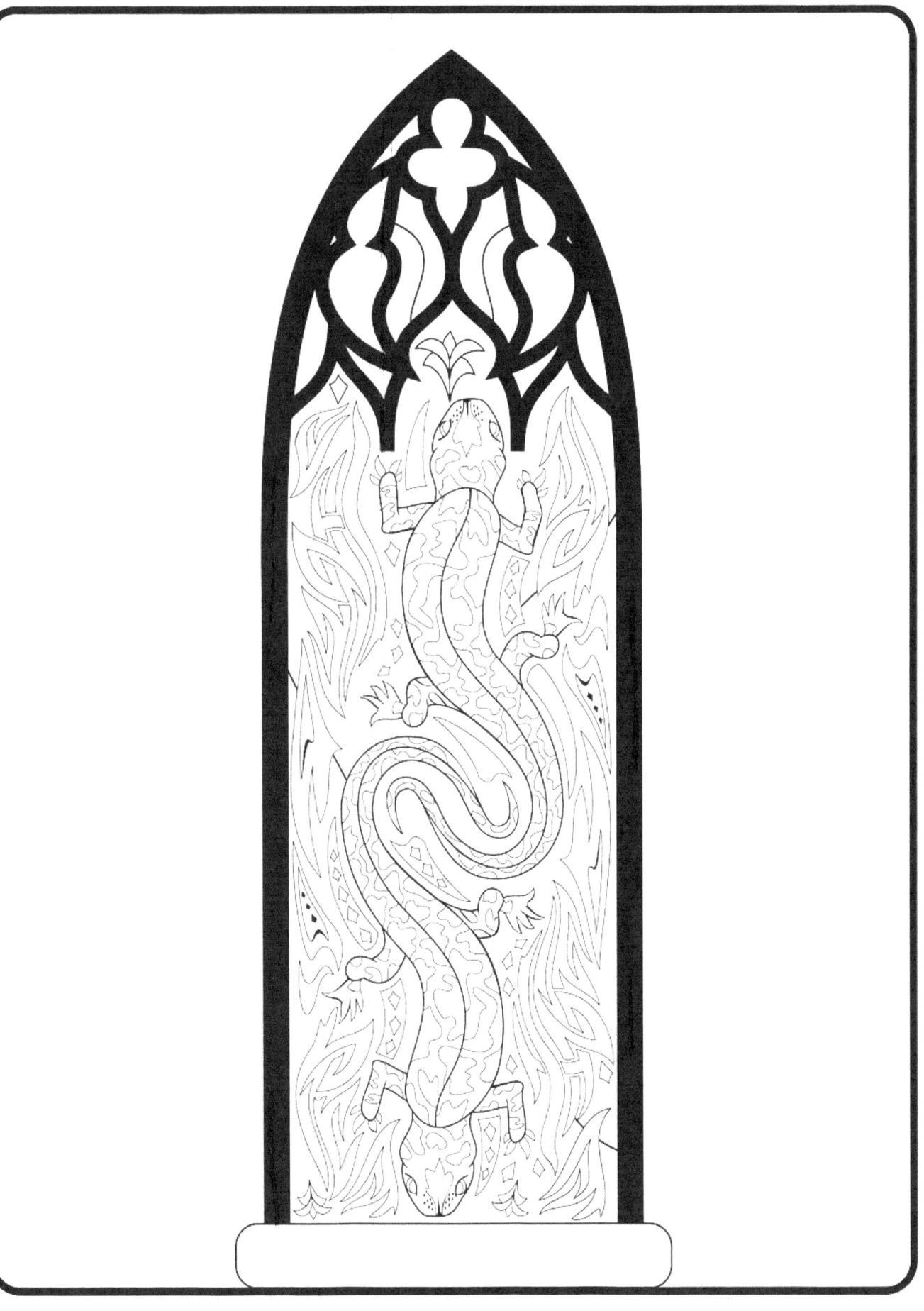

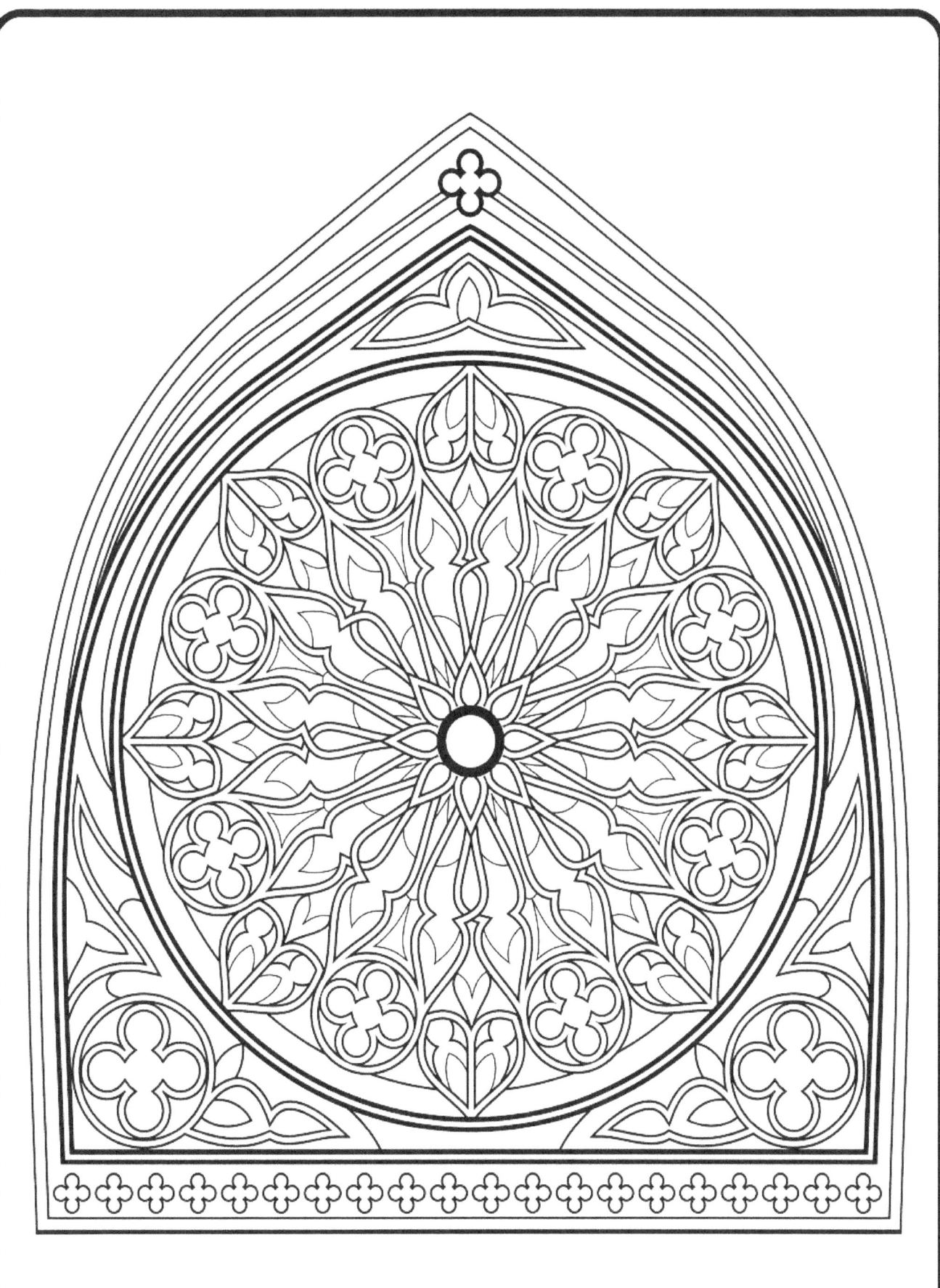

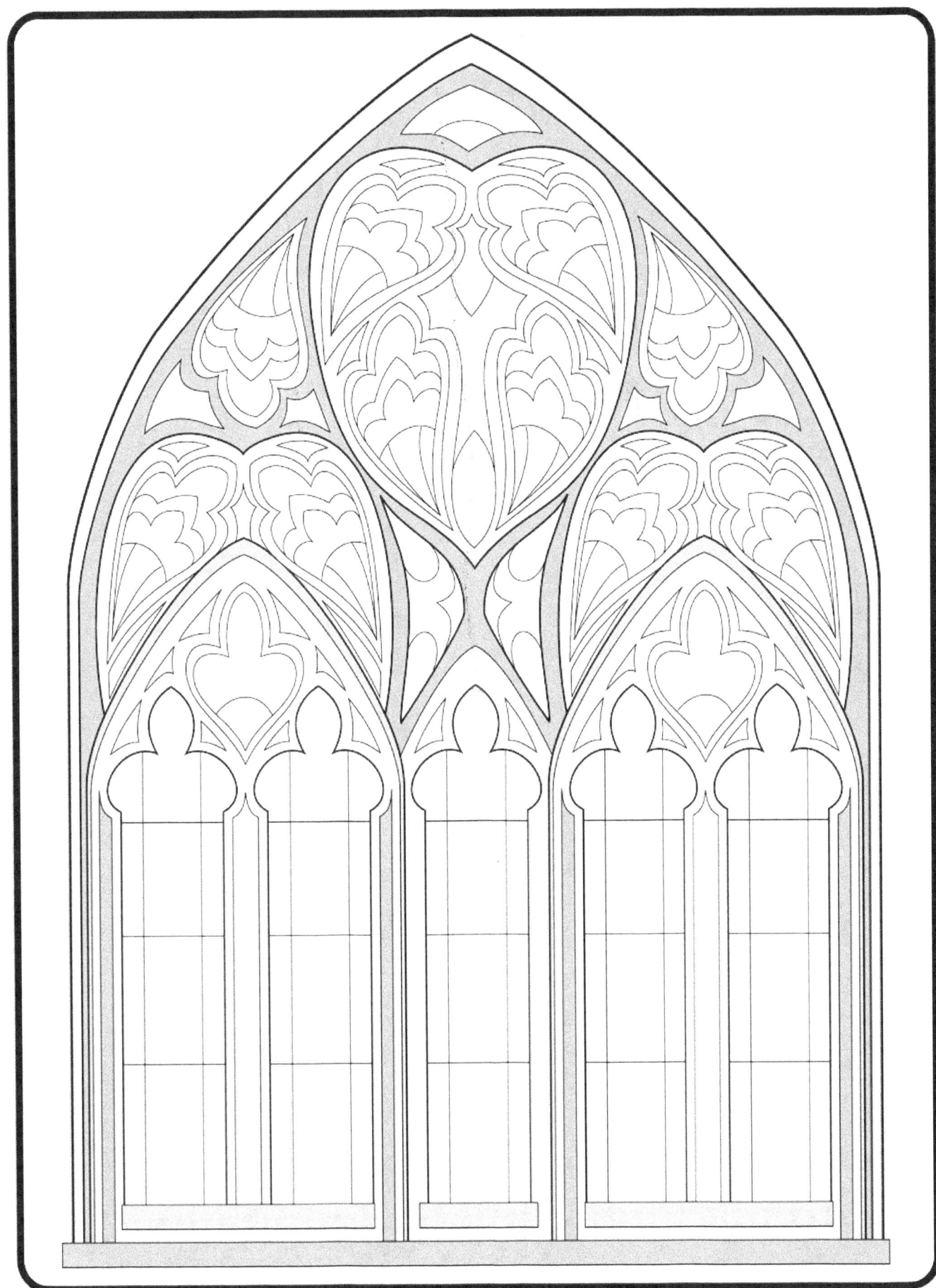

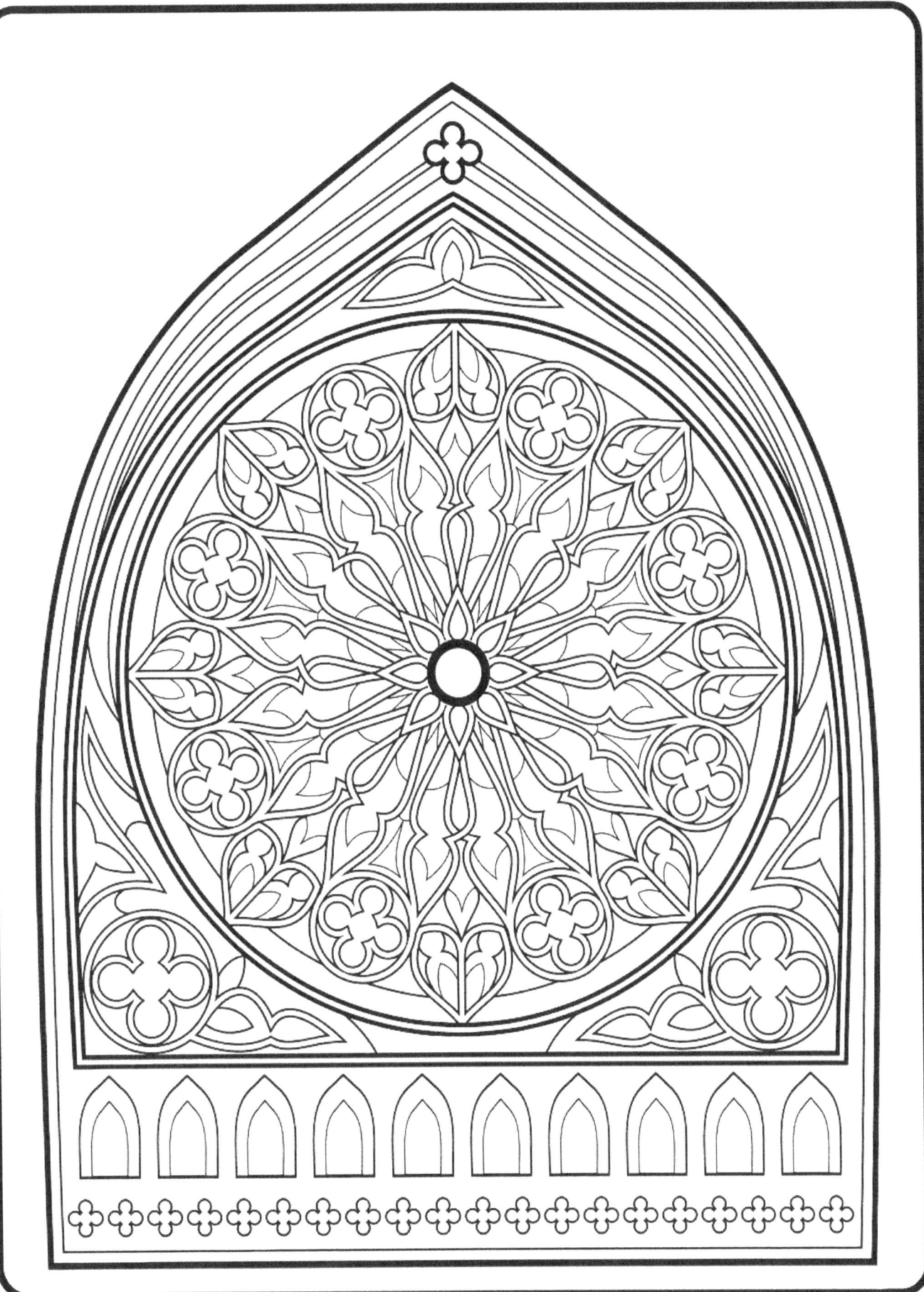

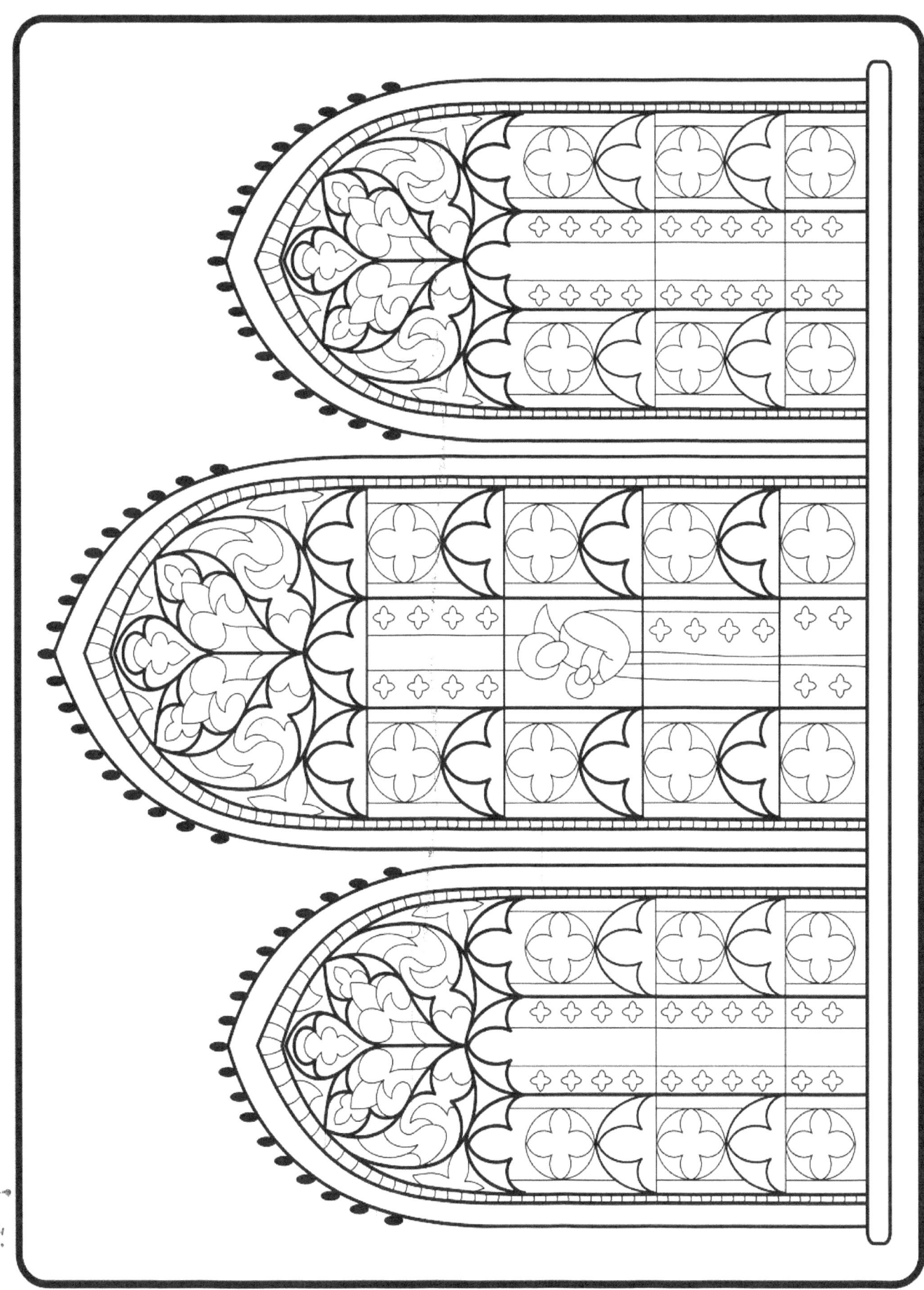

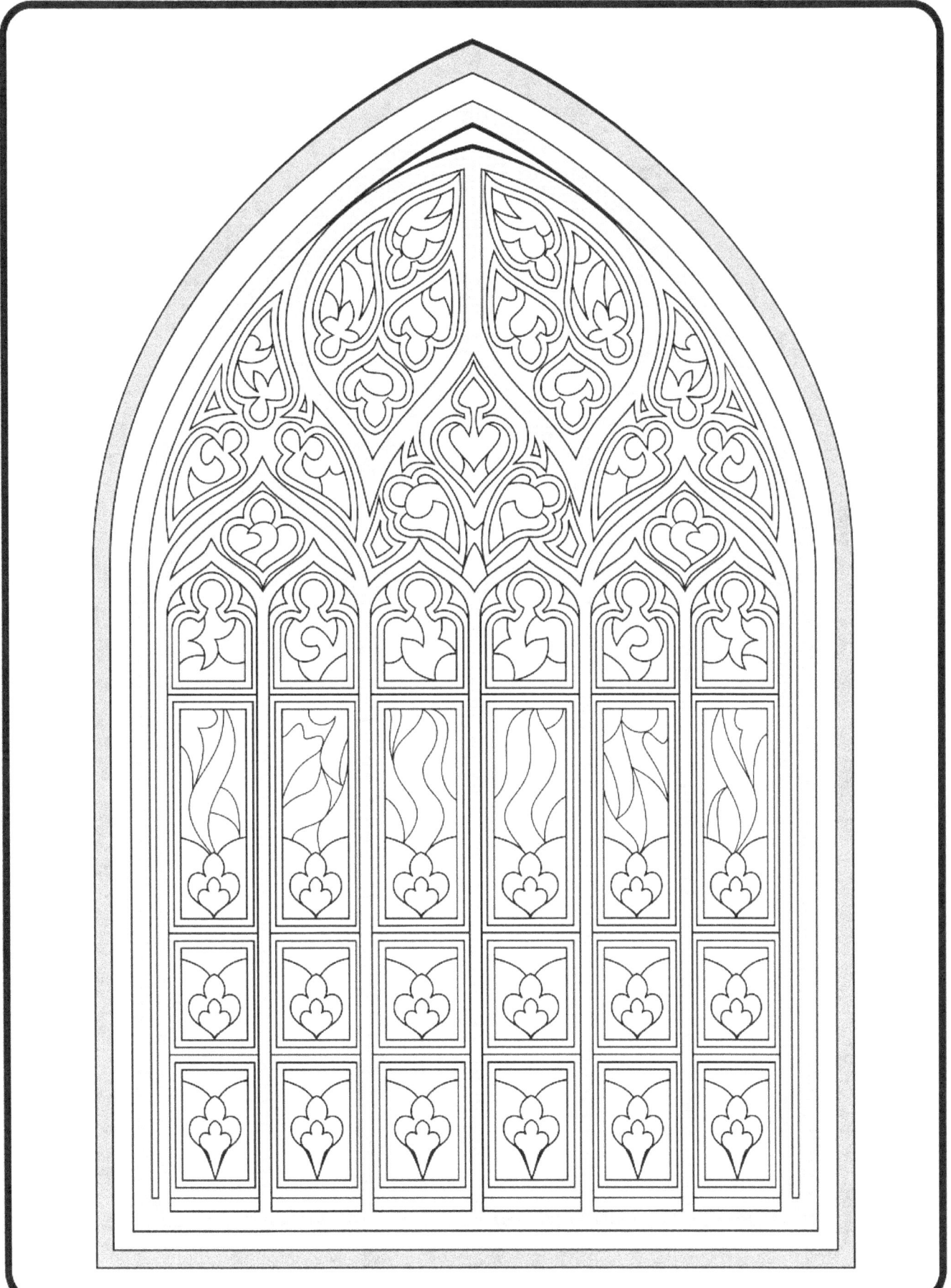

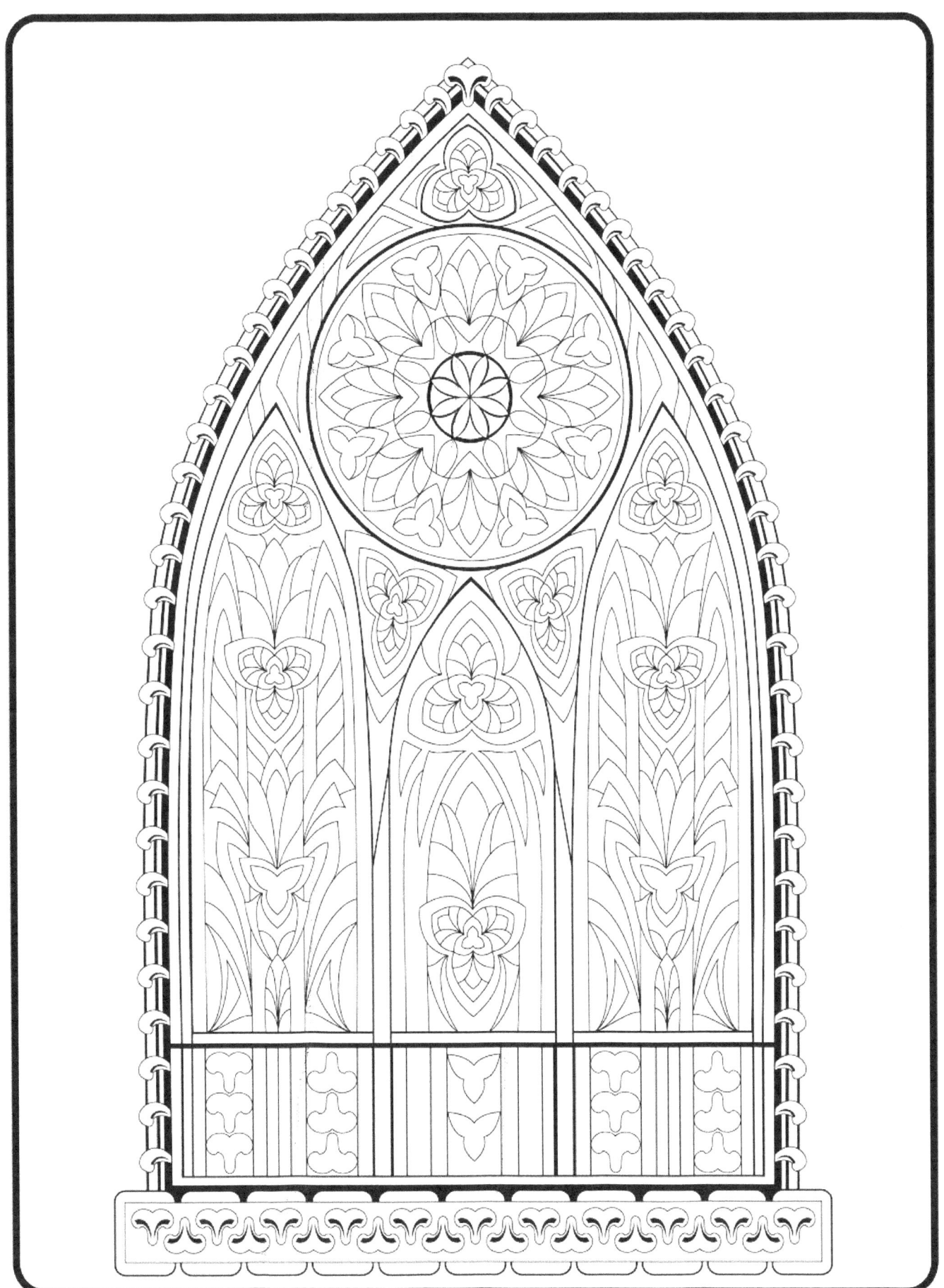

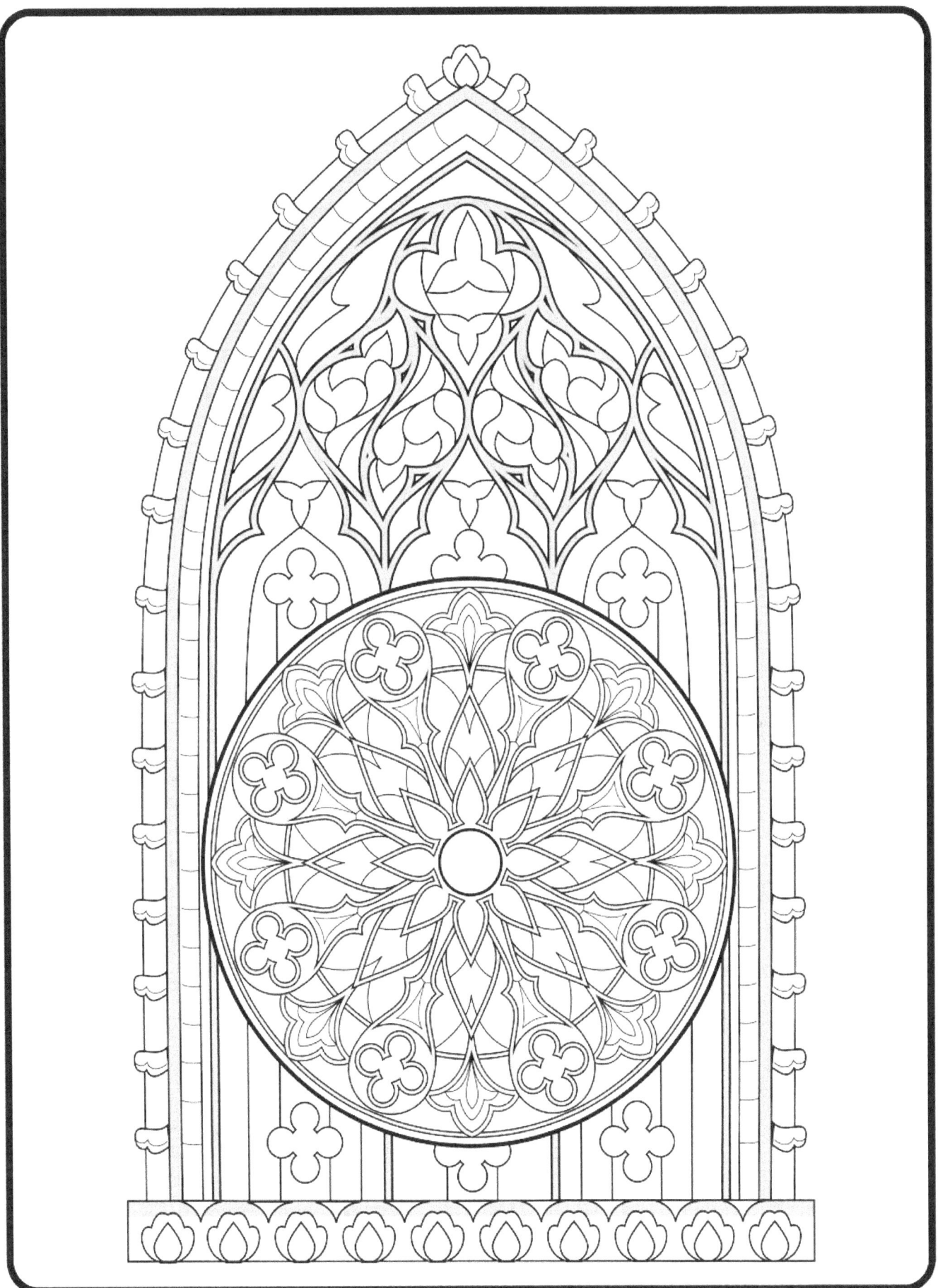

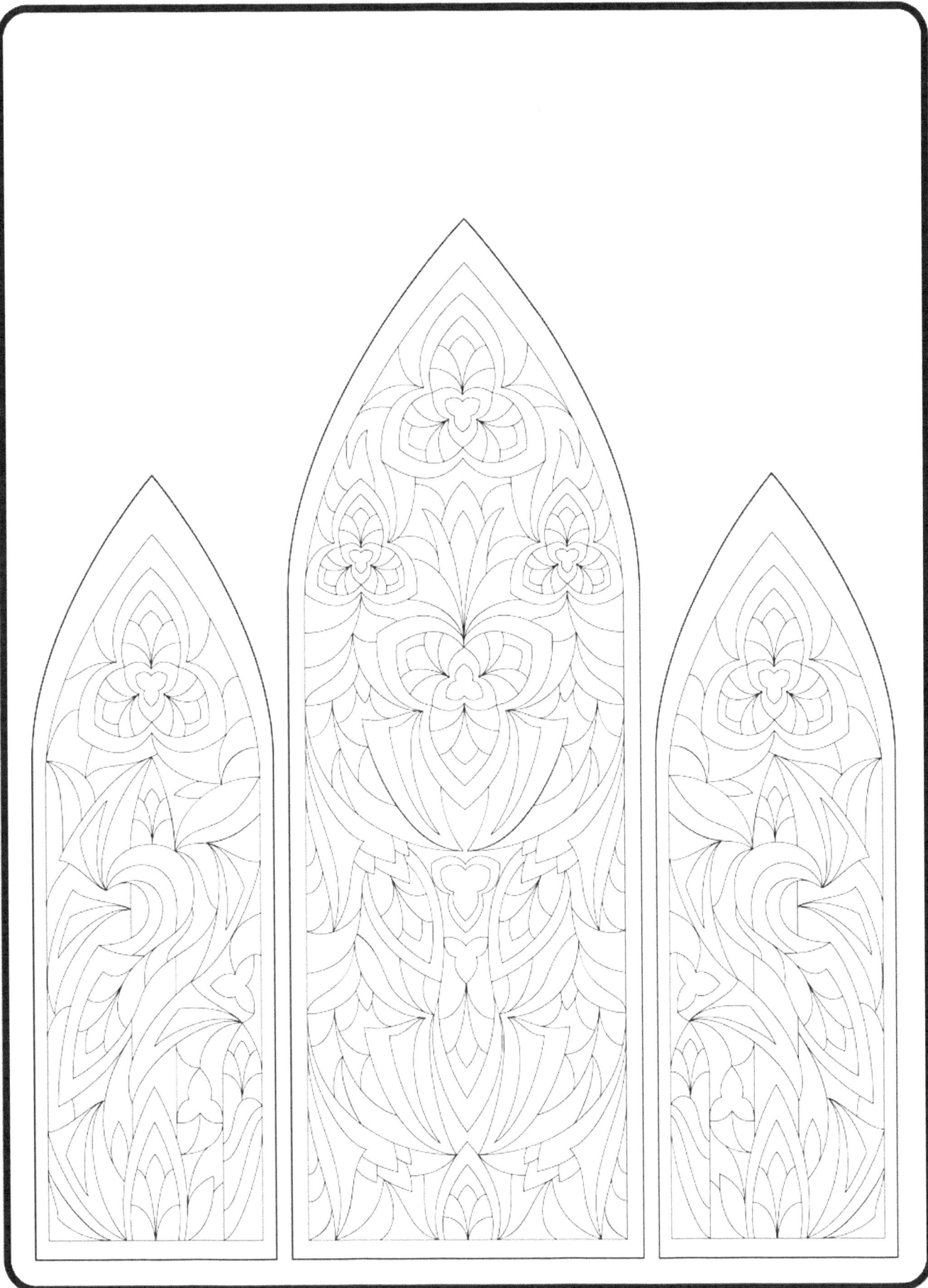

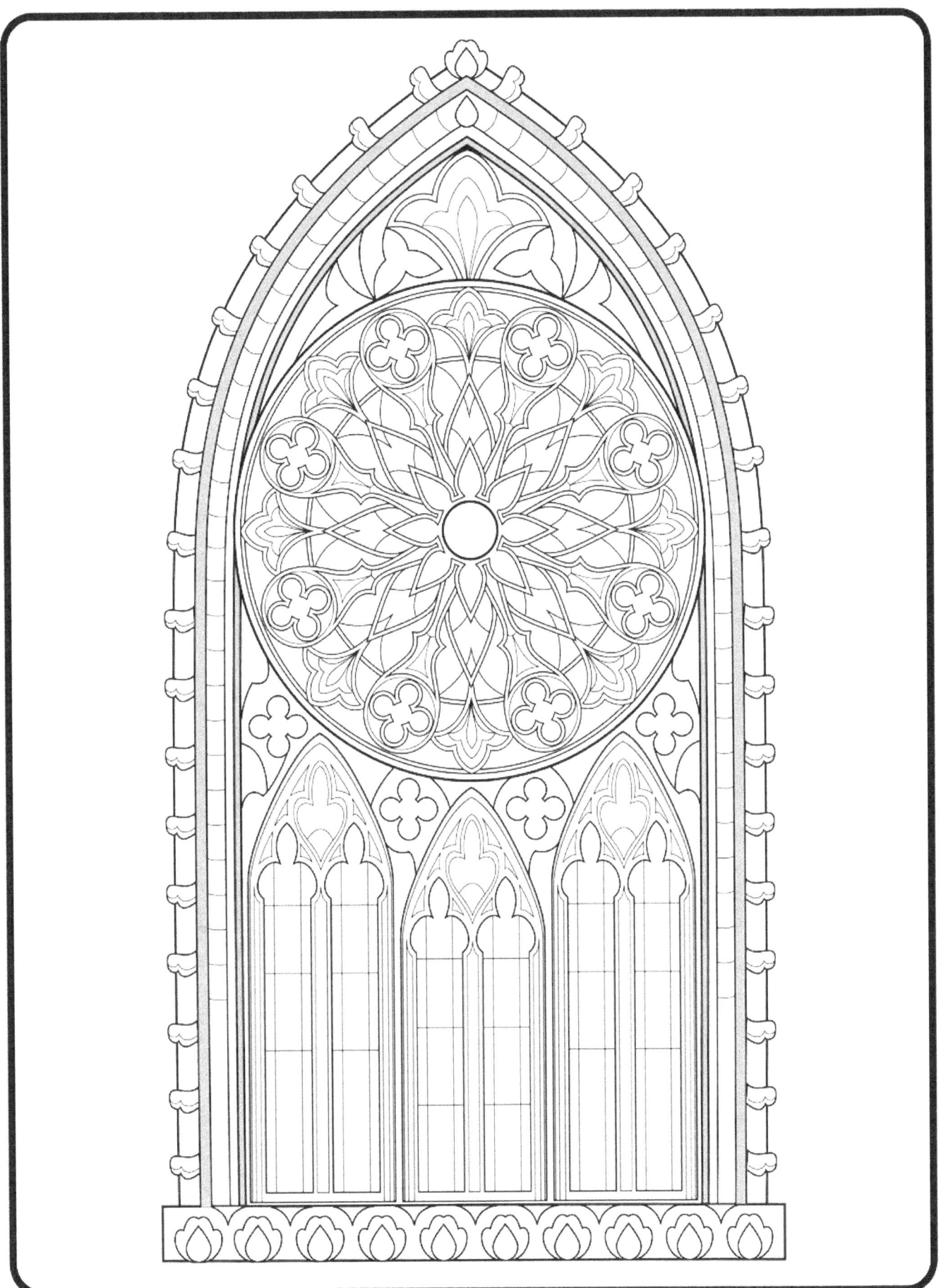

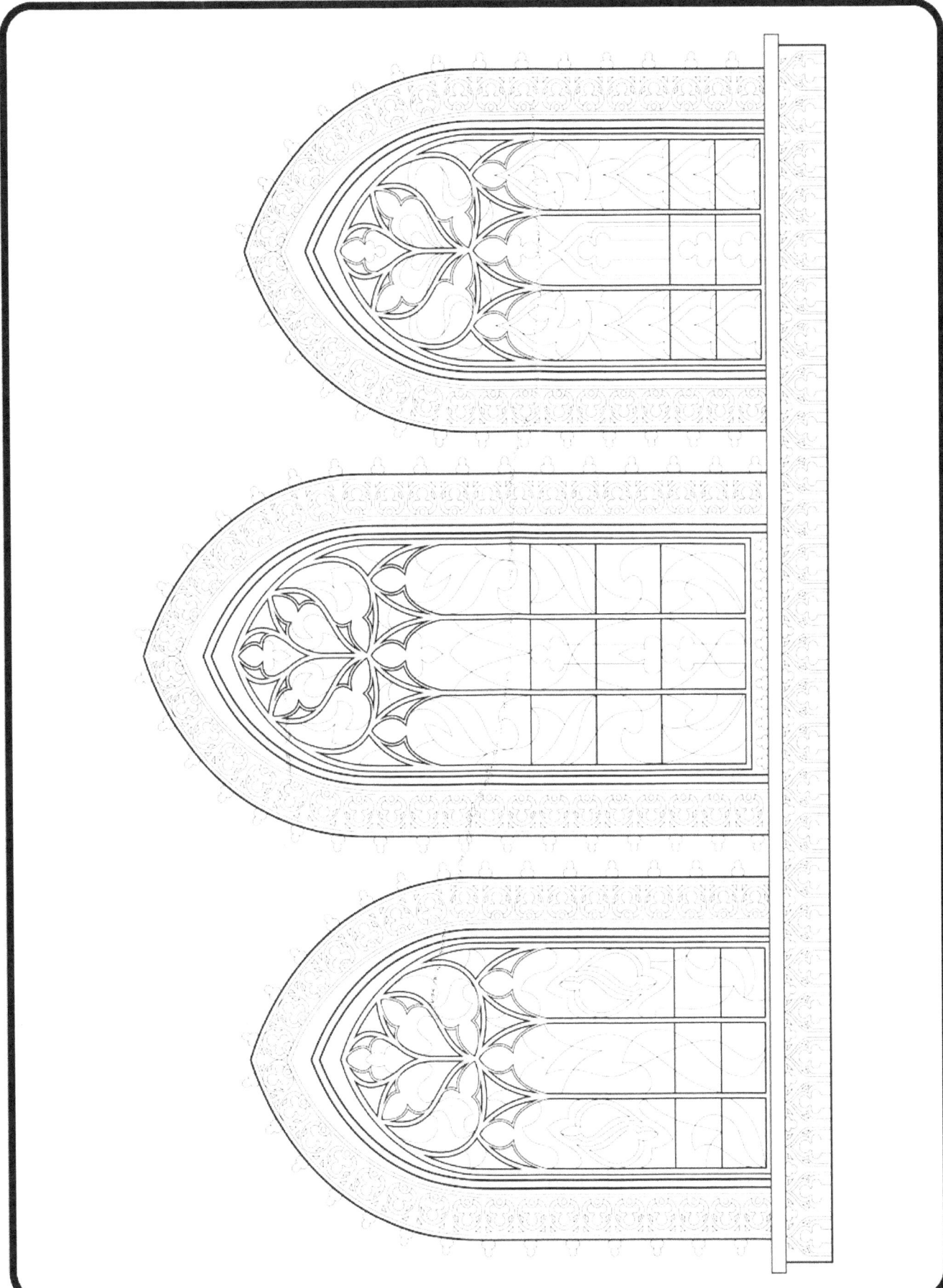

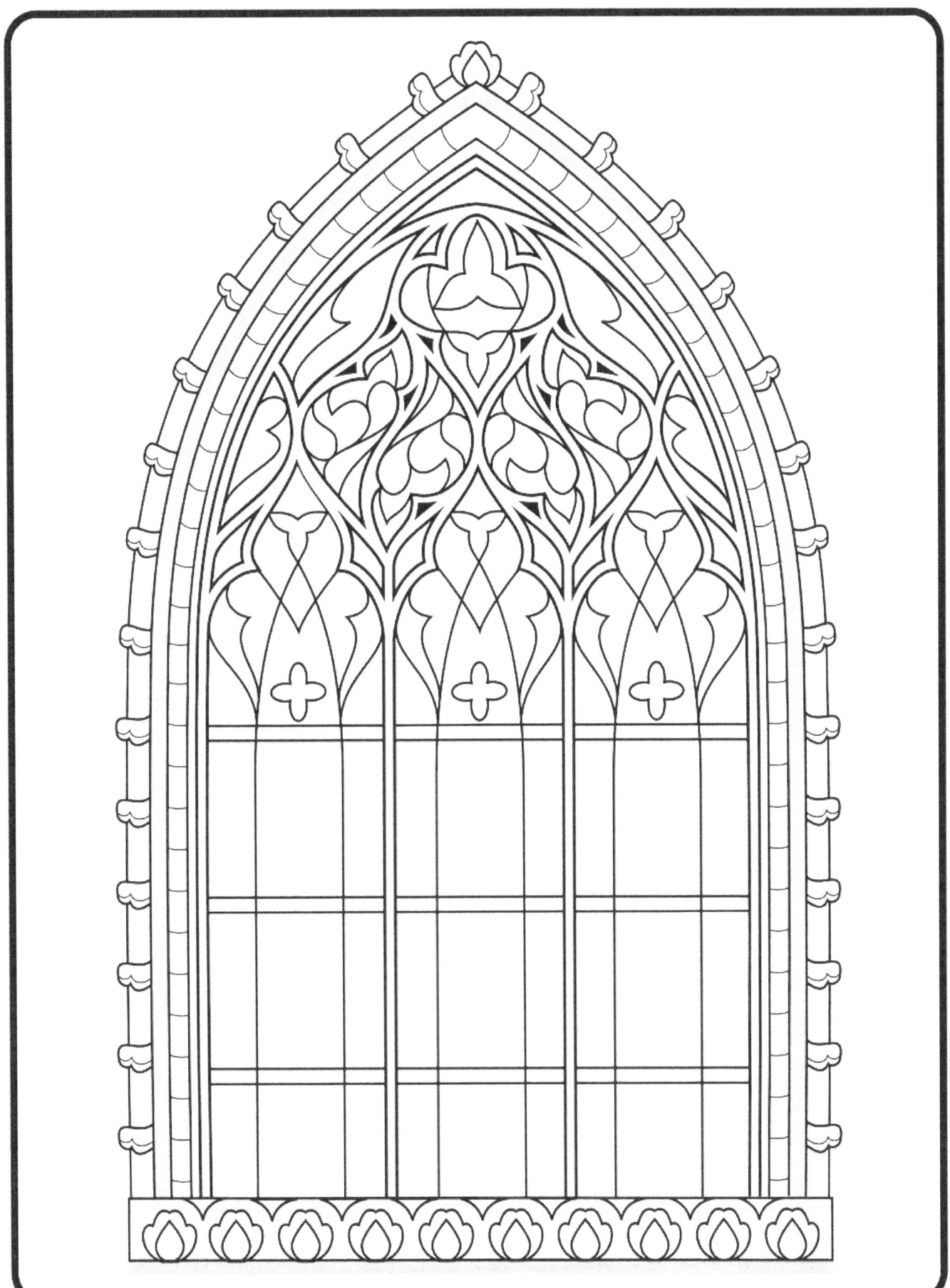

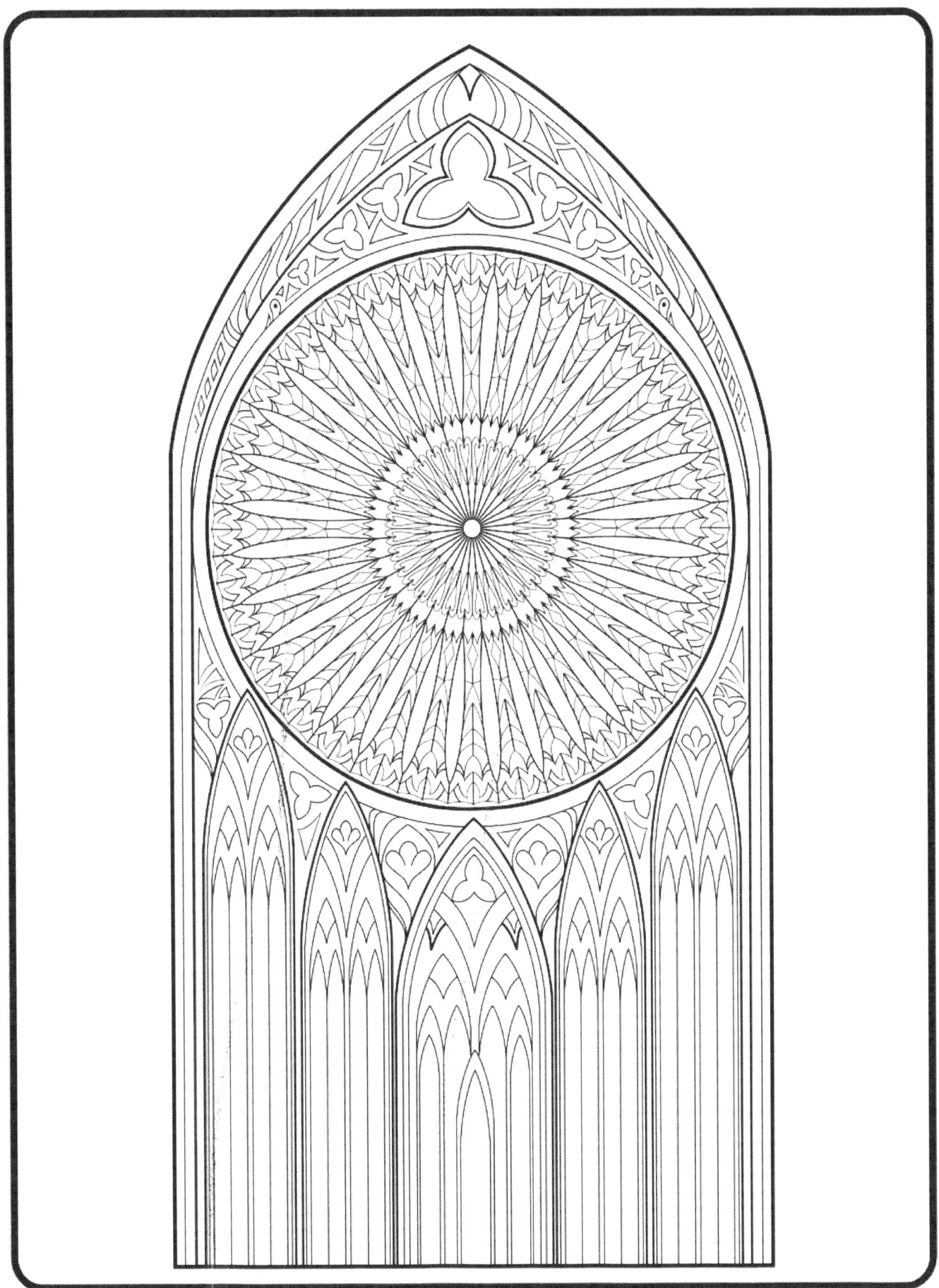

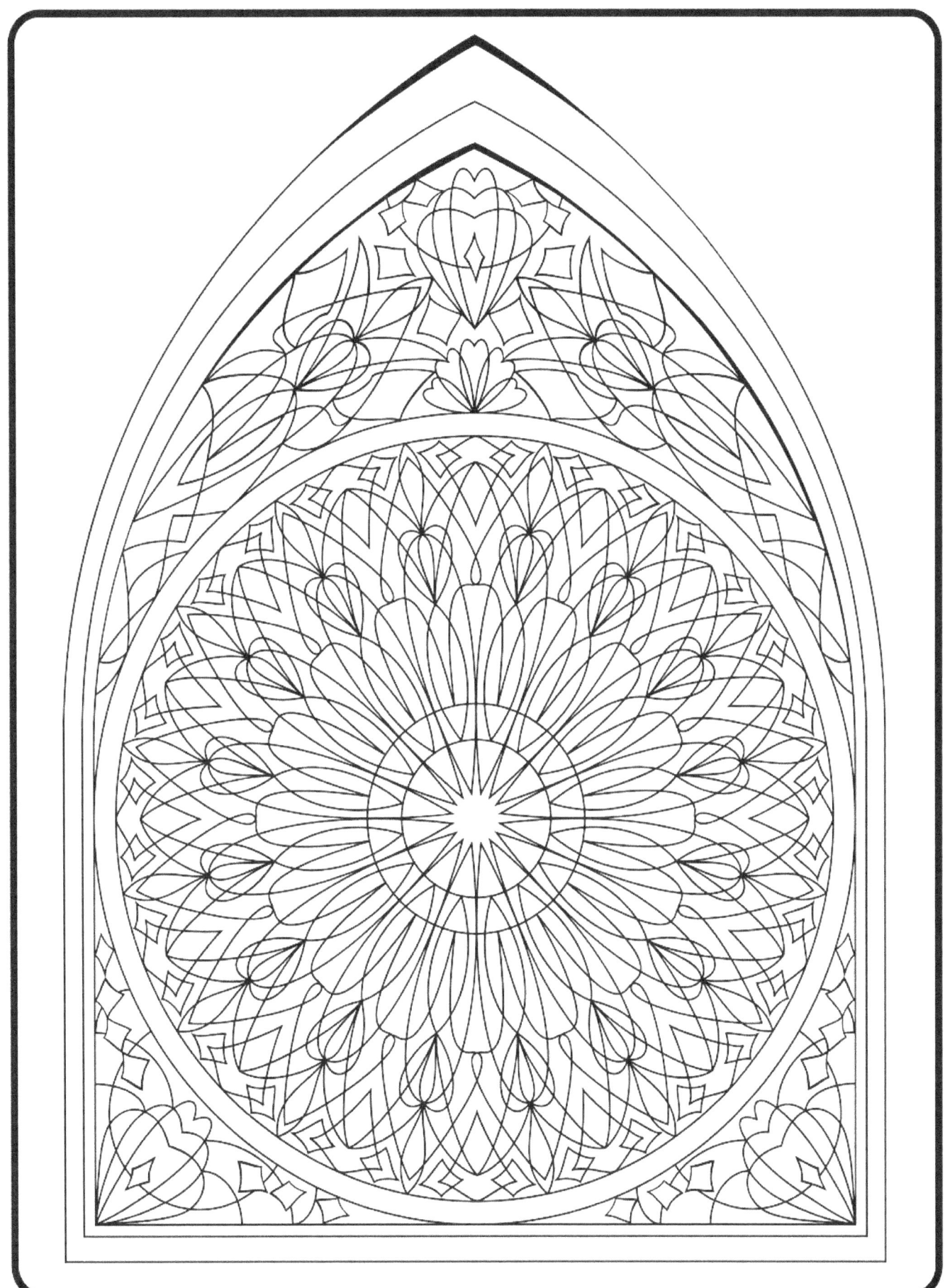

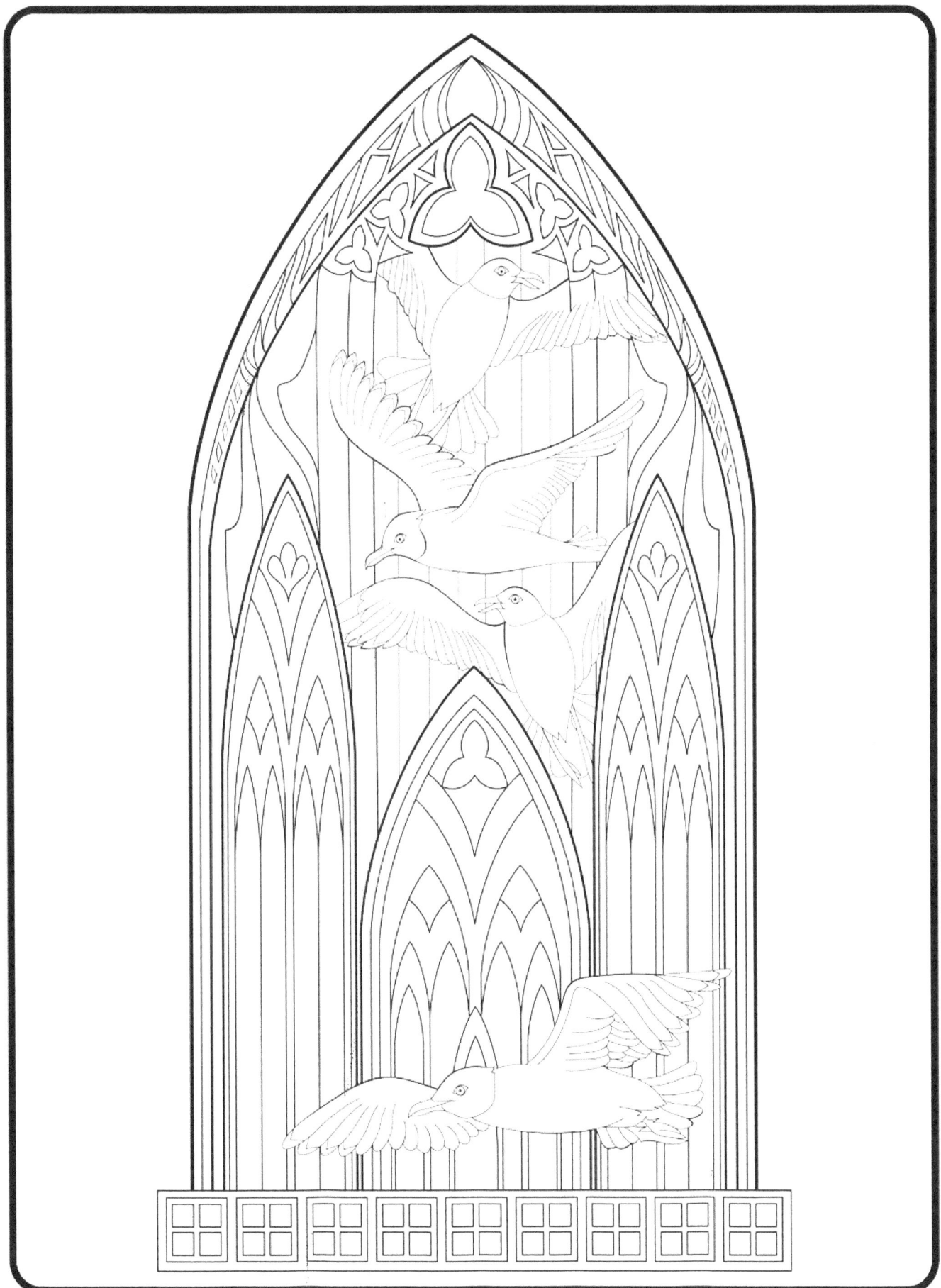

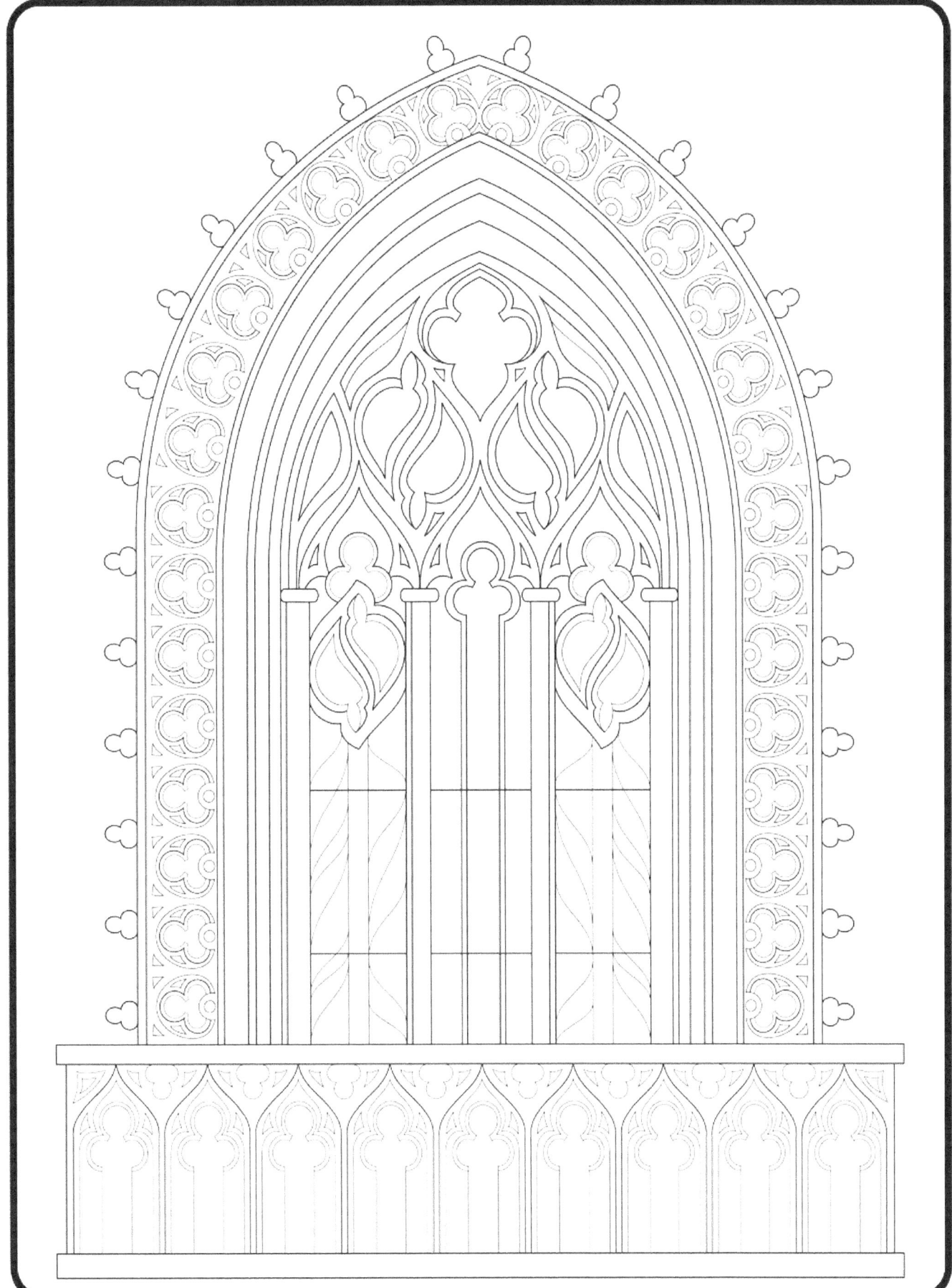

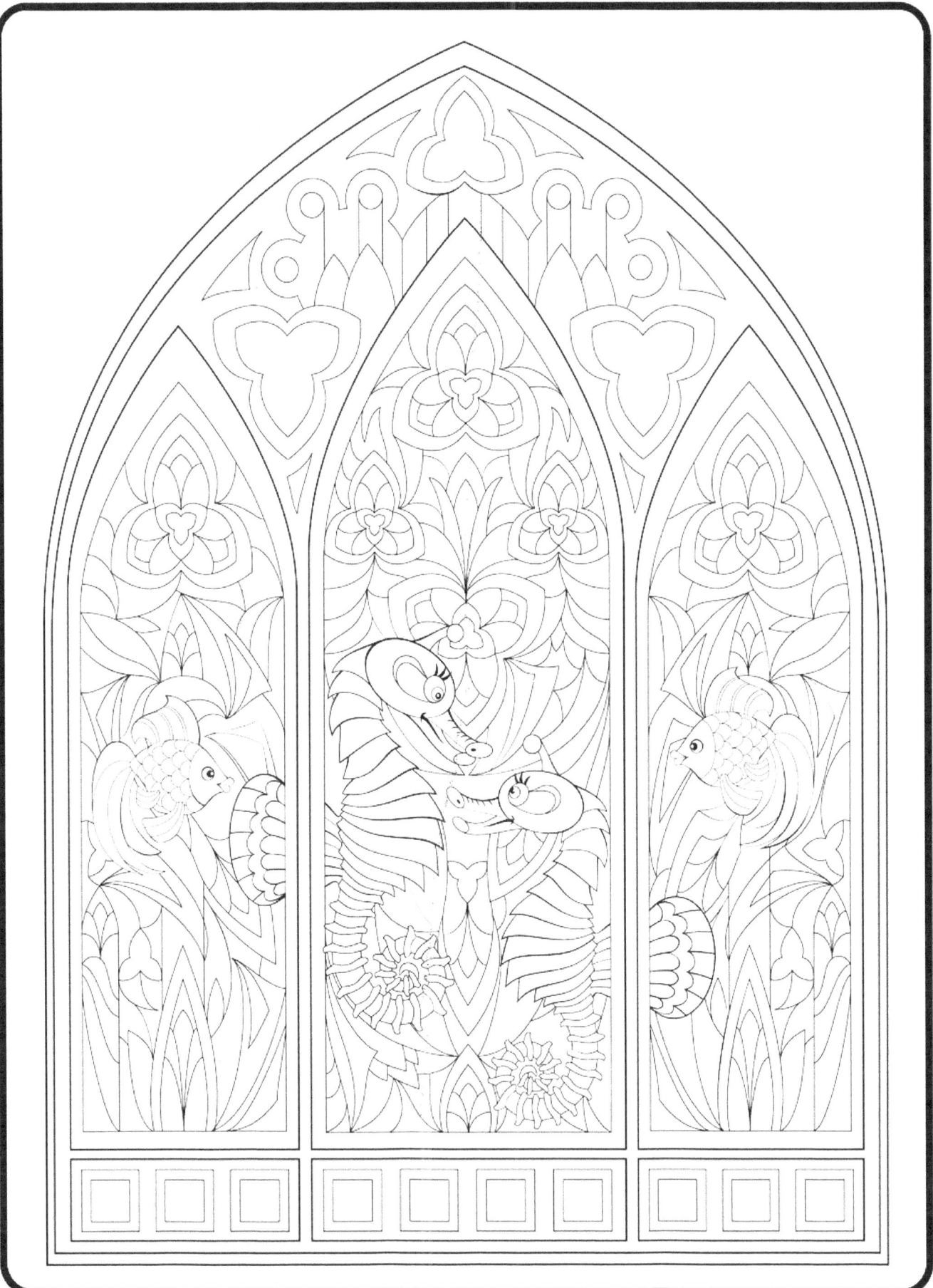

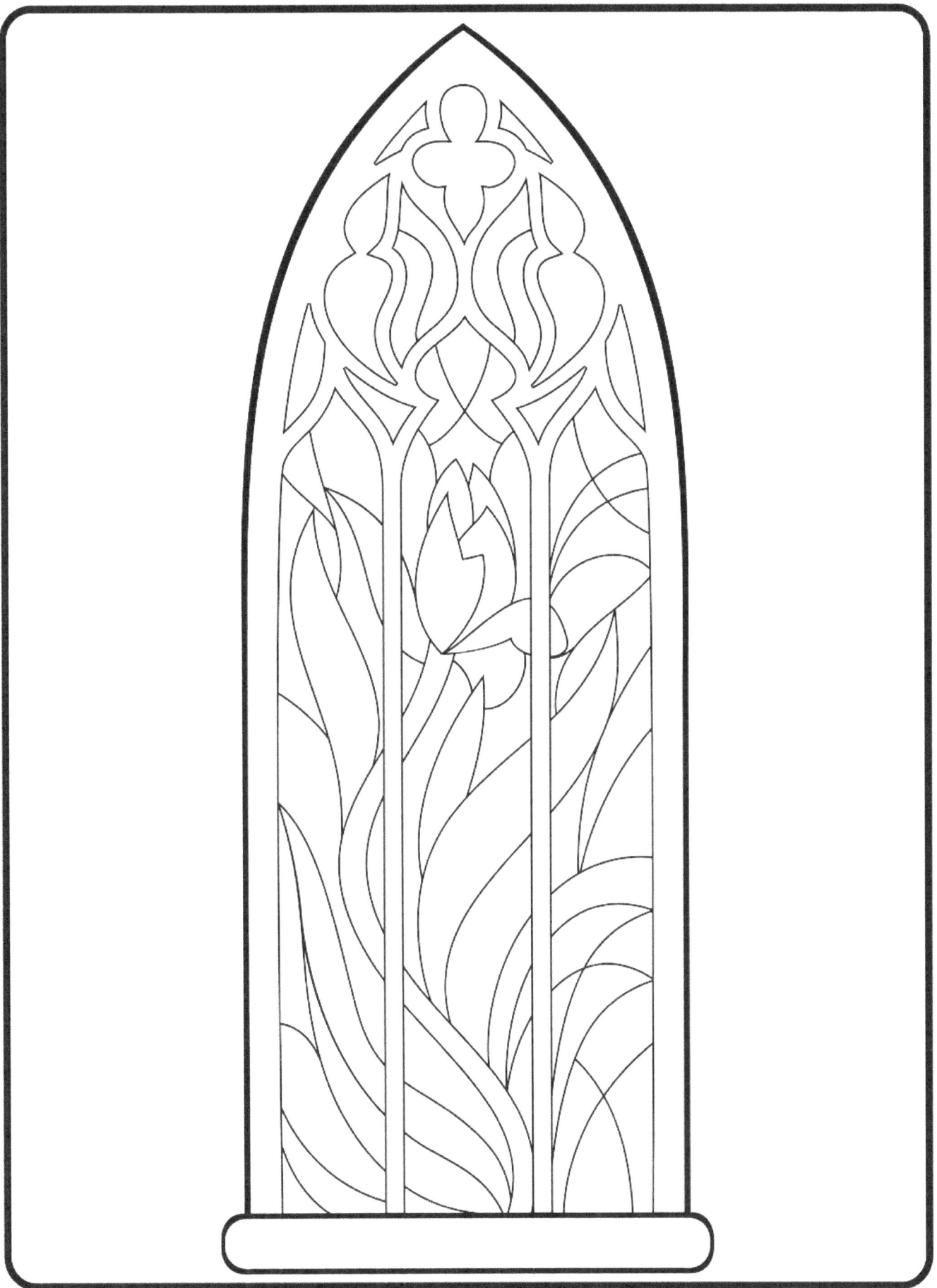

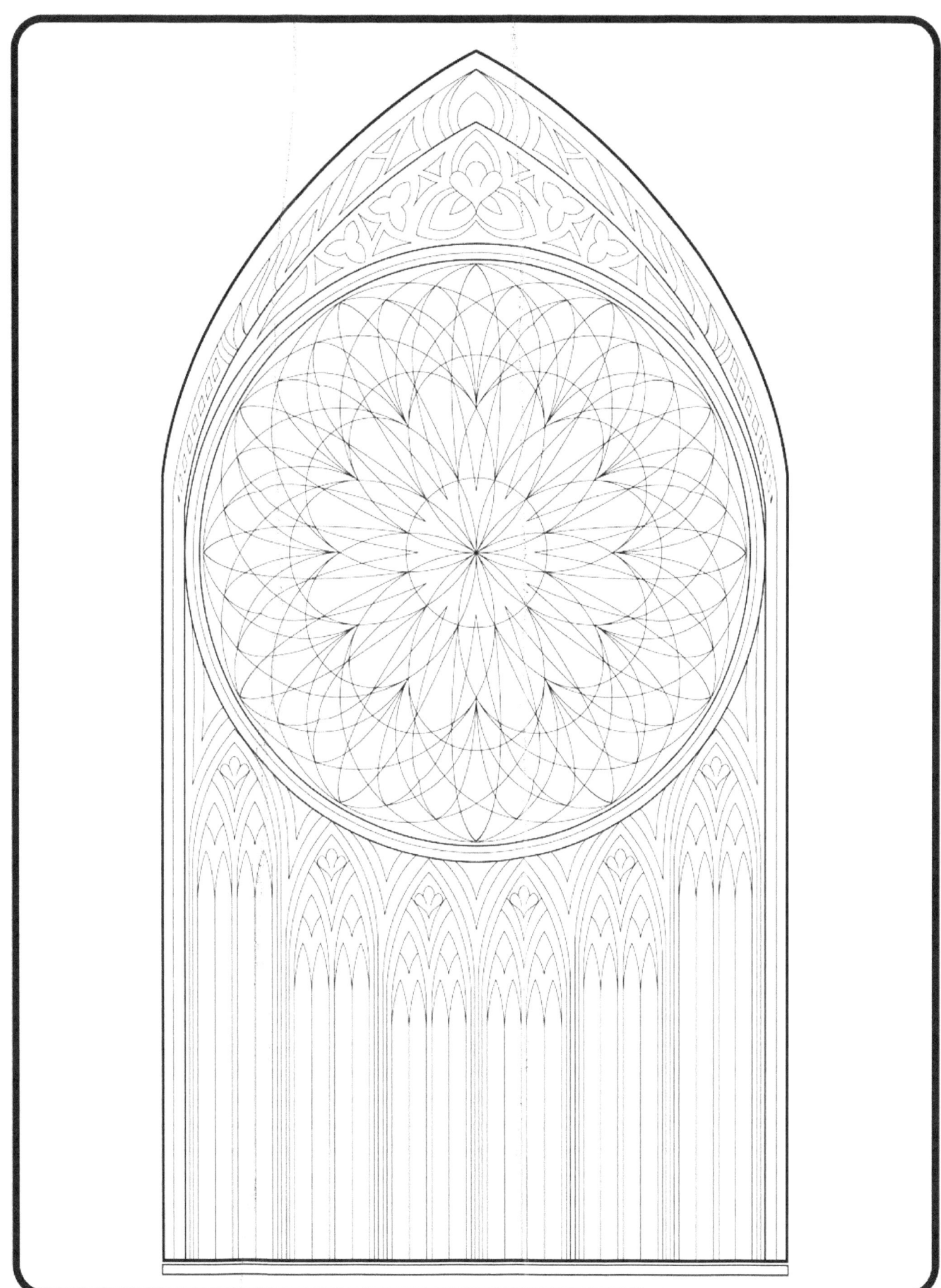

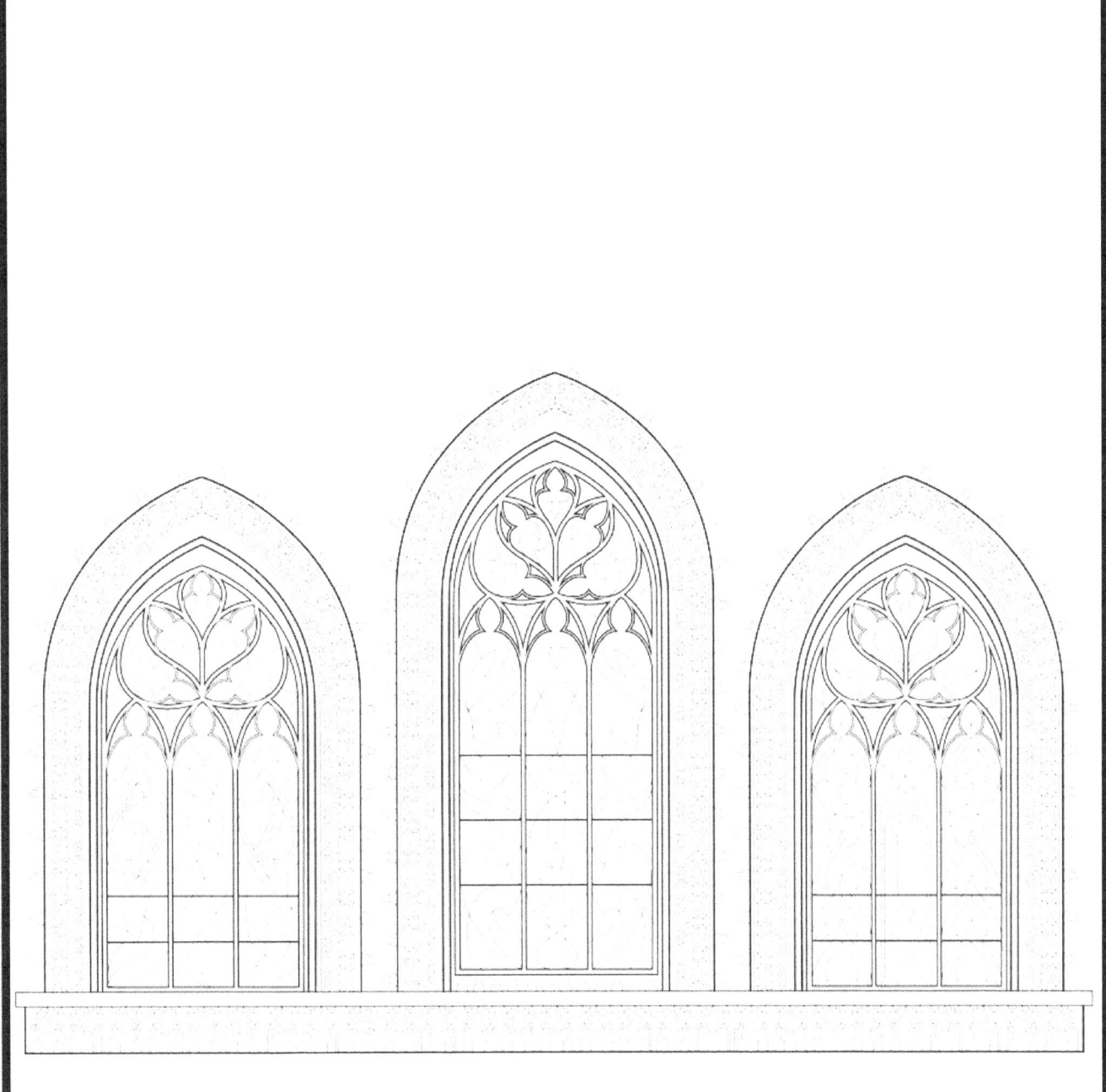

Vielen Dank für den Kauf dieses Buches

Wenn Ihnen das Buch gefallen hat,
hinterlassen Sie bitte eine Meinung
Es wird dem Autor helfen,
in Zukunft bessere Bücher zu erstellen
www.amazon.de/Aubrey-Willis